BEI GRIN MACHT SICH IHR WISSEN BEZAHLT

- Wir veröffentlichen Ihre Hausarbeit, Bachelor- und Masterarbeit

- Ihr eigenes eBook und Buch - weltweit in allen wichtigen Shops

- Verdienen Sie an jedem Verkauf

Jetzt bei www.GRIN.com hochladen und kostenlos publizieren

Bibliografische Information der Deutschen Nationalbibliothek:

Die Deutsche Bibliothek verzeichnet diese Publikation in der Deutschen Nationalbibliografie; detaillierte bibliografische Daten sind im Internet über http://dnb.d-nb.de/ abrufbar.

Dieses Werk sowie alle darin enthaltenen einzelnen Beiträge und Abbildungen sind urheberrechtlich geschützt. Jede Verwertung, die nicht ausdrücklich vom Urheberrechtsschutz zugelassen ist, bedarf der vorherigen Zustimmung des Verlages. Das gilt insbesondere für Vervielfältigungen, Bearbeitungen, Übersetzungen, Mikroverfilmungen, Auswertungen durch Datenbanken und für die Einspeicherung und Verarbeitung in elektronische Systeme. Alle Rechte, auch die des auszugsweisen Nachdrucks, der fotomechanischen Wiedergabe (einschließlich Mikrokopie) sowie der Auswertung durch Datenbanken oder ähnliche Einrichtungen, vorbehalten.

Impressum:

Copyright © 2016 GRIN Verlag, Open Publishing GmbH
Druck und Bindung: Books on Demand GmbH, Norderstedt Germany
ISBN: 9783668456532

Dieses Buch bei GRIN:

http://www.grin.com/de/e-book/366958/die-ausbreitung-des-neoliberalismus-und-die-folgen-fuer-die-entwicklungszusammenarbeit

Anonym

Die Ausbreitung des Neoliberalismus und die Folgen für die Entwicklungszusammenarbeit

GRIN Verlag

GRIN - Your knowledge has value

Der GRIN Verlag publiziert seit 1998 wissenschaftliche Arbeiten von Studenten, Hochschullehrern und anderen Akademikern als eBook und gedrucktes Buch. Die Verlagswebsite www.grin.com ist die ideale Plattform zur Veröffentlichung von Hausarbeiten, Abschlussarbeiten, wissenschaftlichen Aufsätzen, Dissertationen und Fachbüchern.

Besuchen Sie uns im Internet:

http://www.grin.com/

http://www.facebook.com/grincom

http://www.twitter.com/grin_com

Ruprecht-Karls-Universität Heidelberg
Fakultät für Verhaltens- und empirische Kulturwissenschaften
Institut für Ethnologie
Seminar: Ethnologie und internationale Entwicklungszusammenarbeit
Wintersemester 2015/16

Die Ausbreitung des Neoliberalismus und die Folgen für die Entwicklungszusammenarbeit

Studiengang: BA Bildungswissenschaft (50%), Ethnologie (50%)
4. Fachsemester Ethnologie Leistungsanrechnung
erfolgt im Fach: Ethnologie abgegeben am
21.04.2015

Inhalt:

1. Einleitung 1
2. Neoliberalismus 1
   2.1. Geschichte des Neoliberalismus 1
   2.2. Ethnologie und Neoliberalismus 2
3. Neoliberalismus und Entwicklungszusammenarbeit 5
   3.1. Was ist Entwicklung? 5
   3.2. System der Durchsetzung der neoliberalen Lehre 7
   3.3. Auswirkungen auf die Entwicklungszusammenarbeit 9
4. Fazit und Ausblick 12
Bibliographie 13

1. Einleitung

Die ökonomische Lehre des Neoliberalismus prägt die politischen, wirtschaftlichen und sozialen Dimensionen nun schon bereits seit Anfang der 1980er Jahre. Mit der Ablösung des Keynesianismus wurde eine neue wirtschaftliche Strategie übernommen, die seitdem die Strukturen und Beziehungen in unserer Gesellschaft formt. Eine Theorie, die nicht nur auf ökonomischer Ebene von einschlägigen Veränderungen gekennzeichnet ist, sondern auch unser Denken, unsere Ansicht über die Welt und unsere Werte verändert. Deswegen ist die Thematik von großer Bedeutung für die Ethnologie.

Die vorliegende Arbeit widmet sich folgender Thematik: Die Beziehung zwischen dem Neoliberalismus und der Entwicklungszusammenarbeit. Was ist Entwicklung im neoliberalen Sinne? Es soll untersucht werden, ob sich in der Entwicklungszusammenarbeit durch das Aufkommen des Neoliberalismus ebenfalls eine Wandlung vollzogen hat.

Zuerst soll die Geschichte des Neoliberalismus skizziert werden und eine prägnante Definition gegeben werden. Im Anschluss daran soll der ethnologische Blick auf den Neoliberalismus näher betrachtet und die bestehenden Entwicklungskonzepte dargestellt werden. Bevor die Auswirkungen besprochen werden, sollen die Mechanismen genannt werden, die zur Durchsetzung und Ausweitung der neoliberalen Theorie benutzt werden. Zum Schluss werden die konkreten Auswirkungen des neoliberalen Handelns in Bezug auf die Entwicklungszusammenarbeit beleuchtet.

2. Neoliberalismus

2.1. Geschichte des Neoliberalismus

Für ein besseres Verständnis im Hinblick auf die vorliegende Thematik ist es unabdingbar, eine prägnante Definition des Neoliberalismus aufzustellen und dessen Geschichte kurz zu skizzieren. Der Neoliberalismus entstammt aus dem Kreis der Mont Pèlerin-Gesellschaft, die als ein Think Thank deklariert werden kann. Eine Gruppe von Wirtschaftswissenschaftlern, wie Ludwig von Mises, Milton Friedman und dem Philosophen Karl Popper reihen sich in dieser Gruppierung neben dem politischen Philosophen Friedrich von Hayek ein. Gemeinsam entwickelten sie die neoliberale Wirtschaftslehre mit dem Ziel, die klassischen Theorien von Adam Smith und allen voran Karl Marx zu verdrängen (Harvey 2007, 31-32). Die Theorie wandte sich gegen den Staatsinterventionismus und war überzeugt von einem Konkurrenzprinzip, das in der Wirtschaft vorherrschen muss, um die Produktivität zu steigern. Der Markt wird als ein freier Raum erachtet, in dem Wissens- und Entdeckungsprozesse stattfinden.

Der Think Thank wurde bereits im Jahr 1947 gegründet, der Ansatz des Neoliberalismus blieb jedoch erst lange bei diesem und galt als Randerscheinungen. Der Durchbruch wird auf das Jahr 1979 datiert. In diesem Jahr gewann Margareth Thatcher die Wahlen in Großbritannien und ein Jahr später löste Ronald Reagan den damaligen Präsidenten der Vereinigten Staaten, Jimmy Carter, ab. Diese vertraten die Überzeugung der ökonomischen Lehre und setzten die Ideen wie den Abbau des Sozialstaates und Deregulierungsprogramme um, damit der Markt sich selbst entfalten kann. Seit diesem Zeitpunkt, war der Neoliberalismus ein Charakteristikum der westlichen Politik und wurde als globale wirtschaftspolitische Strategie angewandt. Er galt als Leitlinie für die kapitalistische Welt (Nordmann 2005,17).

Eine Definition des Neoliberalismus aus einer wirtschaftlichen Perspektive lautet: ,, Denkrichtung des Liberalismus, die eine freiheitliche, marktwirtschaftliche Wirtschaftsordnung mit den entsprechenden Gestaltungsmerkmalen wie privates Eigentum an den Produktionsmitteln, freie Preisbildung, Wettbewerbs- und Gewerbefreiheit anstrebt, staatliche Eingriffe in die Wirtschaft jedoch nicht ganz ablehnt, sondern auf ein Minimum beschränken will" (Pollert, Kirchner und Polzin 2010, 34).

Nachdem nun der Neoliberalismus kurz ausgeführt und definiert wurde, soll im nächsten Kapitel die Perspektive der Ethnologie auf die ökonomische Lehre beleuchtet werden.

2.2. Ethnologie und Neoliberalismus

Um Entwicklungszusammenarbeit und Neoliberalismus vergleichen zu können, sollen die Ansätze des Neoliberalismus aus einer ethnologischen Sichtweise im Folgenden ausgeführt werden.

In den letzten 15 Jahren ist der Neoliberalismus zum Gegenstand von vielen ethnologischen Forschungen und Aufsätzen geworden. Viele davon beschäftigen sich mit den Konsequenzen und den Veränderungen der sozialen Beziehungen, die durch die neoliberale Lehre für die Gesellschaft einhalten. Fragen nach der Verwirklichung und Umsetzung des Neoliberalismus geraten dabei ebenso in den Interessenfokus der Ethnologie. Warum ist der Neoliberalismus, eine Wirtschaftsreform, die den Keynesianismus ablöste, überhaupt relevant für die Ethnologie? Der Neoliberalismus ist viel mehr als eine reine Wirtschaftsideologie, sie reicht viel weiter und betrifft die verschiedensten Dimensionen. Unser Handeln, unsere Sprache und unser Verständnis von Menschen und der Welt. Bestehende soziale Beziehungen werden aufgebrochen und verändert, Institutionen befinden sich durch die Umstrukturierungsprogramme in einem Wandel. Die Ethnologie hat sich zur Aufgabe gemacht diese Dimensionen, die nicht von wirtschaftlicher Natur sind, zu beleuchten (Hilgers 2010, 351). „Neoliberalism has emerged in social anthropology as a central 'explanatory trope', a buzzword, and as a 'master concept' informing many ethnographies concerned with the world's contemporary condition." (Münster uns Strümpell 2014 , 3).

Man differenziert zwischen drei verschiedenen Definitionen oder Auffassungen des Neoliberalismus in der Ethnologie: Neoliberalismus als Kultur, Neoliberalismus als System und Neoliberalismus als Regierungsform. Es gibt Grundannahmen, die von allen drei Ansätzen aufgegriffen werden. Eine allgemeingültige und feststehende Definition des Neoliberalismus, die kollektiv geteilt wird, ist jedoch nicht vorhanden. Entscheidend ist immer von wem und in welchem Kontext der Ausdruck „Neoliberalismus" benutzt wird. Alle teilen in etwa die gleiche Annahme des Phänomens: „They apply the term to a radicalised form of capitalism, based on deregulation and the restriction of state intervention, and characterised by an opposition to collectivism, a new role for the state, an extreme emphasis on individual responsibility, flexibility, a belief that grows leads to development, and a promotion of freedom as a means to self-realisation that disregards any questioning of the economic and social conditions that make such freedom possible." (Hilgers 2010, 352). Ein weiterer Aspekt, in dem sich die Vertreter der verschiedenen Ansätze übereinstimmen, ist die Differenzierung zwischen der Theorie des Neoliberalismus und der praktischen Ausübung des Neoliberalismus. Sie vereinen sich in einem gemeinsamen Ziel, die Produktion und Reproduktion in Gesellschaften, wie auch die Verbreitung der neoliberalen Lehre zu erklären. Das Interesse an den Mechanismen, die zur Verbreitung von Kultur verwendet werden, beschäftigt die Ethnologie schon seit dem 20. Jahrhundert.

Im Folgenden werden die drei Auffassungen des Neoliberalismus, die in der Ethnologie vorherrschen, skizziert. Die erste Annahme versteht den Neoliberalismus als eine eigene Kultur. Diese beschäftigt sich mit einer Reihe von Annahmen, die charakteristisch sind für die neoliberale Beziehung zu der Welt. Kultur wird als etwas Formbares, immer im Wandel Befindendes gesehen, welche auch die politische Richtung bestimmt. Wichtige Vertreter dieser Auffassung waren John und Jean Comaroff, die als Ideengeber und Vordenker in vielen Teilgebieten der Ethnologie gelten. Sie beschreiben in ihrer Publikation, mit dem Titel „Millenial

Capitalism" (Comaroff und Comaroff 2000), eine neue globale Kultur, die auf dem Vormarsch ist. Die Ethik des Neoliberalismus beschreiben sie wie folgt: „A culture is shaped by an ethics of life,…,the ethics of neoliberalism rests on the belief that it is possible to produce wealth almost by magic." (Hilgers 2010, 353) Ansätze in der Ethnologie, die Neoliberalismus als eigenständige Kultur behandeln, beschäftigen sich häufig mit der Zunahme von okkulten Praktiken im Zuge des Aufkommens der ökonomischen Lehre. Darüber hinaus wird das Weltbild der Kultur untersucht.

Andere Ethnologinnen und Ethnologen begreifen den Neoliberalismus als ein System. Neoliberalismus ist ein System oder eine Struktur, das ein Netzwerk von Beziehungen zwischen verschiedenen Akteuren in der sozialen Sphäre konstituiert. Es wird davon ausgegangen, dass die Entwicklung einer neoliberalen Gesellschaft systematischen Regeln unterliegt. Wie werden die Veränderungen wahrgenommen? Ein Beispiel hierfür ist, dass der vorherrschende aktive Sozialstaat, welcher im Keynesianismus von Bedeutung war, zu einem neoliberalen Obrigkeitsstaat umgewandelt wird. Ein Wirtschaftssystem wird abgelöst von einer neuen Form und verändert die Strukturen des Handelns des Staates. Diese Änderungen haben einen direkten Einfluss auf die Gesellschaft, es entstehen neue Strukturen, die eine Herstellung von Ungleichheit in der Gesellschaft fördern. Gekennzeichnet war der Wandel durch das Kürzen der Sozialleistungen, sprunghaftem Kapital und flexiblem Arbeiten. Durch Ansätze, die Neoliberalismus als eine Art Struktur wahrnehmen, können Erklärungen gefunden werden für die steigende Kluft zwischen Arm und Reich.

Neoliberalismus als eine Art Regierungsform zu kennzeichnen und zu untersuchen, ist in anderen ethnologischen Ansätzen zu finden, die den Neoliberalismus als Untersuchungsgegenstand ihrer Arbeit haben. Die Inspiration des Ansatzes entstammt durch die Werke Foucaults. Neoliberalismus wird hier nicht als Theorie wahrgenommen, sondern als ein Instrument oder Werkzeug. Foucault bezeichnet den Neoliberalismus als eine Art Instrument der Regierung, um maximale Wirtschaftsleistungen zu erzielen. Der Ausdruck Neoliberalismus wird erst als moralisch neutraler Ausdruck angesehen und gewinnt seine Bedeutung erst durch das Handeln der Regierung. Viele Arbeiten, die Neoliberalismus als eine Regierungsform ansehen, beschäftigen sich mit der Frage: Wie schafft die Regierung es, neoliberale Werte zu vermitteln? Die Regierung setzt auf Eigenverantwortung der Individuen und verziert die Welt mit Begriffen des Wettbewerbs. Die Selbstverwirklichung wollen sie durch die Vergabe von Krediten steuern, schaffen so auch ein Abhängigkeitsverhältnis für eine optimale Produktivität.

Die Ethnologie zeigt eine Reihe neuer Wege auf, wie Auswirkungen des Neoliberalismus untersucht werden können und welche neuen kulturellen Formen entstehen, die direkt dem Neoliberalismus zurückzuführen sind (Hilgers, 2010).

3. Neoliberalismus und Entwicklungszusammenarbeit

3.1. Was ist Entwicklung?

Im Anschluss an die Ausführung der ethnologischen Sichtweise auf den Neoliberalismus soll in diesem Kapitel die Beziehung zwischen Ethnologie und Entwicklung erörtert und die Geschichte des Begriffs „Entwicklung" erläutert werden.

Welche Assoziationen hat man mit Entwicklung? Viele verbinden die Vorstellung der Entwicklung mit dem Norden, der als „Entwickler" gilt, und den Süden als ein Produkt, das transformiert werden muss. Vor allem in den Industrieländern ist Entwicklung sehr vernetzt mit unseren Vorstellungen von der Welt.

Der Begriff der Entwicklung reicht bis in das Jahr 1700 zurück. In dieser Zeit kamen es zum ersten Mal zu Bildungen von Dichotomien wie „Zivilisiert" und „Unzivilisiert" oder Vergleiche zwischen rückständigen und fortschrittlichen Gesellschaften. Auch heute wird Entwicklung oft anhand der Wirtschaft oder dem Fortschritt der Technologisierung gemessen (Gardner und Lewis 1996, 4).

Die Entwicklungszusammenarbeit war vor allem in der postkolonialen Zeit eine Demonstration der Macht der ehemaligen Kolonialmächte, die Strukturen aus der Kolonialzeit aufrecht zu erhalten. Nach dem zweiten Weltkrieg wurde, um die Entwicklungszusammenarbeit zu institutionalisieren, der IMF (Internationaler Währungsfonds) gegründet. Die Hauptaufgabe der Institution, die ihren Sitz in Washington D.C. hat, besteht in der Vergabe von Krediten an Länder, die Entwicklungshilfe benötigen. Die Schwesterorganisation der IWF ist die International Bank for Reconstruction and Developement, die später unter der Weltbank bekannt wurde. Ihre primäre Aufgabe war es, nach dem zweiten Weltkrieg den Widerauflbau der zerstörten Länder zu koordinieren und zu finanzieren. Wie der IWF hat die Weltbank ihren Sitz in Washington D.C. und ist der wichtigste Geldgeber in Entwicklungsprojekten (Bundesministerium für wirtschaftliche Zusammenarbeit und Entwicklung 2016). Spenden und Hilfeleistungen der Weltbank wurden von den Vereinigten Staaten kontrolliert und gingen vorrangig an Länder mit demokratischen Regierungen und Länder, die einen Drang zur freien Marktwirtschaft aufwiesen. Mit großem Interesse verfolgten die Vereinigten Staaten auch, die Ausbreitung des Kommunismus zu stoppen (Gardner und Lewis 1996,8ff.). Die Weltbank ist als Akteur von großer Relevanz für diese Arbeit, da sie großen Anteil hatte an der Ausbreitung der ökonomischen Lehre des Neoliberalismus.

Zwei klassische Theorien sollen noch ausgeführt werden, um ein tieferes Verständnis zu bekommen, an welchen Faktoren Entwicklung gemessen werden. Auf der einen Seite ist die Modernisierungstheorie, die allen voran von W.W. Rostow vertreten wurde, anzuführen. Sie galt als vorherrschendes entwicklungstheoretisches Paradigma in den 1950er und 1960er Jahren, bevor sie vorrübergehend in den 1970er Jahren von der Dependenztheorie abgelöst wurde, dann jedoch wieder einen Aufschwung erlebte während des Siegeszugs der neoliberalen Lehre. Demzufolge nimmt die Modernisierungstheorie eine große Bedeutung für die vorliegende Thematik ein. Die Modernisierungstheorie ist ein Stufenmodell, welchem evolutionistische Annahmen zugeschrieben werden können (Gardner und Lewis 1996, 12). Die Stufen beschreiben verschiedene Entwicklungsstadien, in denen sich Länder befinden. Auf der untersten Stufe stehen die „traditionellen" Gesellschaften, jene werden als ländliche beziehungsweise bäuerliche Gesellschaft angesehen, die nicht gewinnorientiert handeln. Sie weisen darüber hinaus einen geringen Urbanisierungs- und Industrialisierungsgrad auf, der mit einer geringen Produktivität einhergeht. Gekennzeichnet von Analphabetismus und einer starren gesellschaftlichen Struktur, werden sie auf die unterste Stufe eingeordnet. Dazwischen gibt es insgesamt noch drei Stufen, die ausdifferenziert werden. Jede Stufe zeichnet sich durch einen höheren Grad an Spezialisierung und Differenzierung im Wirtschaftssektor und einem profitorientierten Handeln aus. Diese Stufen soll hier jedoch keine weitere Ausführung finden. Auf oberster Stufe befinden sich die „modernen" Gesellschaften, die auch als Stufe der „High-Mass Consumption" ausgewiesen ist. Als säkular, universalistisch und gewinnorientiert werden sie eingestuft. Man findet einen hohen Industrialisierungs- und Urbanisierungsgrad vor und die Gesellschaft weist einen hohen Grad an Bildung auf. Eine demokratische Regierungsform, die Individualisierungs- und Differenzierungsprozesse fördern, sind Teil der Gesellschaften. Der starke Wirtschaftswachstum und die Entstehung einer breiten Mittelschicht fördern die Demokratisierung der politischen Institutionen (Rostow 1959).

Kritisch hinterfragt werden muss die Theorie aufgrund ihrer Einordnung und Kategorisierung, die vorwiegend eine westlich zentrierte Sichtweise widerspiegelt. Allein die Tatsache einer Kategorisierung von Ländern führt zu verfälschten Verallgemeinerungen. Die ausschlaggebenden Faktoren, die zur Einordnung auf eine Stufe benutzt werden, sind in Wahrheit viel unschärfer als in der Theorie postuliert. Ebenso beinhalten „moderne" Gesellschaften „traditionelle" Elemente und auch umgekehrt.

Die Dependenztheorie entwickelte sich in klarer Abgrenzung zur Modernisierungstheorie in den 1960er Jahren in Lateinamerika, von der „Economic Commission of Latin America" (ECLA). Sie waren marxistisch geprägt und versuchten, Entwicklung zum ersten Mal mit Bezug auf historische und politische Strukturen zu erklären. Es wurde auf die Ungerechtigkeit und Ausbeutung des Südens durch den Norden aufmerksam gemacht. Die Theorie teilt Länder in „Zentralstaaten", „Semiperipherie" und „Peripherie" auf. Die „Zentralstaaten" beuten die „Peripherie" aus, durch divergierende Handelsbeziehungen und asymmetrische Machtverhältnisse. So ist die ungleiche Entwicklung auf der Welt nicht auf endogene Faktoren, die von kultureller Natur sind und gesellschaftsimmanent vorherrschen, bestimmt, wie in der Modernisierungstheorie angenommen, sondern auf das internationale Ausbeutungsverhältnis, also exogene Faktoren, zurückzuführen. Diese Theorie muss ebenfalls kritisch hinterfragt werden, da sie nur die ökonomischen Strukturen in das Blickfeld nimmt und kulturelle Fakto-ren ausklammert. Die Einteilung der Welt in drei verschiedene Kategorien ist unpräzise und übersieht spezifische Differenzen der Länder (Gardner und Lewis 1996, 16ff.).

3.2. System der Durchsetzung der neoliberalen Lehre

Als die ökonomische Lehre des Neoliberalismus im Jahr 1980 immer größere Kreise zog und sich in den Vereinigten Staaten und Großbritannien als Wirtschaftsideologie etablierte, versuchte man den Neoliberalismus weiter auszubreiten. Er sollte zu einer globalen Wirtschaftsform werden und den vorherrschenden Keynesianismus und andere Wirtschaftsformen in den Hintergrund drängen. Welche Mechanismen nutzte man, um das Vorhaben zu realisieren? Die Weltbank wurde zum größten Akteur, um die wirtschaftlichen Interessen und Überzeugungen auszuweiten. Man war überzeugt, dass die neoliberalen Werte zu einer positiven ökonomischen Entwicklung beisteuern würden. Neoliberalistische Formen wurden in Ländern systematisch eingeführt durch die Weltbank, das auch ganz im Interesse der Vereinigten Staaten lag. Es begann mit der Liberalisierung der Finanzmärkte in den 1970er Jahren und die damit verbundene Vergabe von Krediten an ärmere Länder. Der IWF und die Weltbank vergaben diese Kredite. Sobald die Länder zahlungsunfähig waren, wurde ihnen ein gemeinsames Umschuldungsprogramm auferlegt. Die Auflagen dafür sahen jedoch neoliberale Reformen vor (Sarfaty 2012, x-xi). „Danach wurden der IWF und die Weltbank zu Zentralorganen für die Propagierung und Durchsetzung des „Marktfundamentalismus" und der reinen neoliberalen Lehre." (Harvey 2007, 41 - 42).

Mexiko wurde durch diese Strategie eines der ersten Länder, dem ein neoliberaler Staat auferlegt wurde. (Harvey 2007, 41)

Die Ambivalenz, welche die Weltbank in sich trägt, ist zu erkennen. Auf der einen Seite ist sie verantwortlich für die Förderung von Entwicklungsprozessen, um Armut zu verringern und die Grundbedürfnisse aller Menschen verbessern soll, und auf der anderen Seite vertritt sie durch ihr Handeln auch wirtschaftliche Interessen und die Verbreitung von ökonomischen Wirtschaftstheorien, wie den Neoliberalismus. Die Weltbank wurde Teil mehrerer ethnologischer Forschungen, die das Handeln und auch das Innenleben der Institution in den Blickpunkt nahm.

„Values in Translation" von Galit A. Sarfaty, beschreibt den Konflikt, in der die Weltbank steht. Sie beschreibt den externen Druck, der durch den neoliberalistischen Kurs, den die Weltbank vertritt, aufkam. Es wird die Ideologie der Weltbank, die eine Vormachtstellung innehat, kritisiert, die rein von wirtschaftlichen Interessen geprägt ist. Die Weltbank befindet sich einem ethnischen Dilemma, da sie Projekte in Länder unterstützen und darüber hinaus auch Handel mit diesen Ländern betreiben, welche die Menschenrechte missachten (Craig 2014). Sarfaty beschreibt das in ihrem Buch: „ambivalence over the conflicting relationship between human rights and the prevailing neoliberal ideology within the Bank."(Sarfaty 2012, 42-43).

Die Durchsetzung der neoliberalistischen Lehre wird um jeden Preis von der Weltbank gefördert. Der Macht der Weltbank und deren Interessen haben eine große Auswirkung auf Länder, die Entwicklungshilfe beanspruchen, und somit auch eine enorme Auswirkung auf die Entwicklungszusammenarbeit, welche im nächsten Kapitel dargestellt werden soll.

3.3. Auswirkungen auf die Entwicklungszusammenarbeit

Der Neoliberalismus hat mehrere Auswirkungen auf die Entwicklungszusammenarbeit. Die propagierten Werte der neoliberalistischen Lehre sollten gefördert werden und dafür sind Interventionen notwendig, die ein Umdenken und Neudenken der bestehenden Werten in Gesellschaften voraussetzt. Vor allem die Individualisierung und die Selbstregulierung sollte unterstützt werden, welche über dem Gemeinwohl steht. Wirtschaftlicher Profit ist von oberster Priorität, wie auch der Konkurrenzgedanke. Vielen Gesellschaften und Wirtschaftsmärkten waren diese Werte fremd.

Die Entwicklung der Individualisierung und die Stärkung des Einzelnen wurden versucht durch die Vergabe von Mikrokrediten, meist durch NGO'S (Non-Govermental-Organisations), zu stärken. Die Kredite waren auch für die Stärkung der Frauen in ländlichen Regionen gedacht, damit die Chancenungleichheit zwischen den Geschlechtern behoben werden konnte. Jedoch gibt es bis heute noch keine Studien, die eine Wirksamkeit von Mikrofinanzen verifiziert haben. Seit Ende der 90er Jahre wurde zum ersten Mal die Vergabe der Kredite angezweifelt und sogar befürchtet, dass sie der Entwicklung eher schaden könnten. Es gab eine Metastudie, die das britische Entwicklungshilfeministerium finanzierte, um die Funktionalität von Mikrokrediten in Entwicklungsangelegenheiten auszuarbeiten. Die Studie ergab weder positive noch negative Effekte. Das heißt, es kann nicht angenommen werden, dass Struktu-ren der Armut sich verbessern oder die Emanzipation der Frauen fördert (Duvendack 2014, 37-42).

Einige Beispiele zeigen jedoch das Versagen des Konzepts, durch Mikrokredite die Entwicklung zu fördern, sehr deutlich auf. In Indien werden nun schon seit drei Jahrzenten Kredite an Frauen aus ländlichen Regionen vergeben, um die Armut zu reduzieren. Viele Frauen nahmen dieses Angebot an und nahmen Kredite auf, meistens konnten sie diese Kredite jedoch nicht zurückzahlen. Der einzige Ausweg bestand darin noch einen weiteren Mikrokredit aufzunehmen, um die Zinsen zurückzuzahlen. Die Zinssätze waren teilweise bei bis zu 38 Prozent. Kredite wurden oft für andere Zwecke genutzt, wie Krankenhausbesuche oder das Zahlen der Mitgift bei Hochzeiten. Im Jahr 2010 stieg die Selbstmordrate von indischen Frauen aus ländlichen Regionen. Der Zauber des neoliberalen Entwicklungsinstruments von Mikrokrediten, die Armut bekämpfen, eine wirtschaftliche Entwicklung fördern und gleichzeitig noch die Emanzipation von Frauen stärken sollte, verflog. Jeder zweite Haushalt auf dem Land war verschuldet (Wichterich 2014, 45).

„Aus einer Foucault'schen Perspektive sind die kleinen Darlehen eine neoliberale Herrschaftstechnik, mit der Frauen Selbstregulierung erlernen und in die Finanzmärkte als selbstverantwortliche Subjekte integriert werden." (Wichterich 2014, 49).

In Bangladesch, welches bekannt ist für ihren Mikrokreditsektor und auch durch Nobelpreisträger Muhammad Yunus, der als Begründer des Mikrofinanzgedanken gesehen wird, konnten ähnliche Schwierigkeiten erörtert werden. Alle Kreditgeber waren NGO'S, bevor sie zu Kreditgeberinstituten transformierten. Die Ablösung kann als eine Kapitalisierung der sozialen Akteure gesehen werden. Gleichzeitig weist Bangladesch die höchste Dichte von NGO'S auf, die jedoch fast ausschließlich als Mikrokreditinstitute fungieren. Etwa 80 Prozent der Haushalte sind verschuldet und wie in Indien hat ein Großteil der Bevölkerung mehrere Kredite gleichzeitig abzubezahlen. Eine Entwicklung oder Verbesserung der Lebensumstände bei den Familien konnte nicht festgestellt werden. Die Frauen, die Kredite aufnehmen, stehen oft unter dem Druck ihrer Männer, da sie leichter einen Kredit bekommen. Im Falle einer Zahlungsunfähigkeit des Kreditnehmers werden Druckmittel und Drohungen benutzt, die sie zum Aufnehmen eines neuen Kredites bewegen. Es ist eine unaufhaltsame Schuldenspirale, in denen sich die Menschen bewegen. Auch der Druck innerhalb der Mikrokreditunternehmen ist immens. Die Bezahlung der Mitarbeiter wird an der Gewinnung von Neukunden und den Rückzahlungsquoten gemessen. Trotz aller Entwicklung werden Kredite in Bangladesch als Menschenrecht gesehen. Die Kredite ermöglichen die Umsetzung der Menschenrechte und der Staat entzieht sich der Verantwortung (Rahaman 2014, 53-60).

Elyachar veranschaulicht in ihrem Werk „Markets of dispossession", was für Auswirkungen die neoliberalen Einflüsse auf den Markt in Ägypten haben. Sie betrieb eine Feldforschung in Kairo, in der sie die Praktiken des traditionellen bestehenden Marktes untersuchte, wie auch das Aufkommen und die Eingliederungen von Mikrounternehmen, die auf Darlehen gegrün-det wurden im Zuge einer neoliberalistischen Entwicklungspolitik. Ihr Hauptanliegen bestand darin, die vorherrschende Idee des freien Marktes zu hinterfragen. Der traditionelle Markt in Ägypten mit seinen Werten stand im Gegensatz zu den Werten eines freien Marktes, wie es die ökonomische Lehre propagiert. Der bestehende Markt mit ihren ursprünglichen

„Workshops" bildeten zusammen ein Kollektiv, in dem nicht der Wettbewerb, sondern die Festigung der sozialen Beziehungen im Vordergrund stand. Die Meisterschaft im Handwerk spielt eine zentrale Rolle in Ägypten. Dieser Markt besitzt seine Eigendynamik und hat festgesetzte moralische Instanzen. Man merkte schnell, dass die Eingliederung der Mikrounternehmen in den Markt keinen Erfolg verzeichnen konnte. Gründe lagen auch hier wieder oft in der falschen Nutzung der Kredite. Diese wurden nicht für die vorhergesehenen wirtschaftlichen Zwecke genutzt, sondern um zu heiraten oder Wohnungen zu kaufen. Ein weiteres Problem waren die Spannungen zwischen dem traditionellen Markt und den neuen Mikrounternehmen. Die bereits existierenden Märkte sollten in den neoliberalen Markt integriert werden. Die Erweiterung des neoliberalen Marktes erfolgte in Kairo durch die Integration der Armen in den Markt mitsamt ihren bestehenden sozialen Netzwerken und kulturellen Praktiken. „ I have argued in this book that extension of the free market to absorb the cultural practices of the poor as a source of social capital and profit is one of the most influential developments of our times." (Elyachar 2005, 137)

Das Werk von Elyachar zeigt uns wichtige Aspekte auf, die in der Entwicklungszusammenarbeit mitbedacht werden müssen, jedoch häufig vernachlässigt werden. Den Glauben an den einen Markt, wie es der Neoliberalismus beschreibt, gibt es nicht. Man findet andere Formen vor, heute wie in der Vergangenheit. Die „Workshops" in Kairo eignen sich beispielhaft da-für. Daraus folgt, dass es nicht einen neuen Weg für Entwicklung gibt, sondern versucht werden soll, sich nach schon gelebten Alternativen umzuschauen. Elyachar: „I have shown, in sum, how the neoliberal market embraced as vital for its own survival-through-expansion that which used to be seen as backward and a block to the successful functioning of the market; how it integrated that other-of-itself as a necessary condition for its own function-ing; how it failed in realizing its own utopias; and how, through failing, it nevertheless suc-ceeded" (Elyachar 2005, 214)

Folgerungen aus den Untersuchungen von Elyachar ergeben, dass der Markt kein technisches Instrument ist, von dem alle profitieren können. Die Expansion des neoliberalen Markest ist nicht die Anwendung eines Instrumentes, das nachgewiesen am besten funktioniert. Märkte haben ihre eigenen sozialen und politischen Welten mit ihrer eigenen Kosmologie. Jeder Kosmos funktioniert als ein komplexes Machtfeld. Die Expansion des neoliberalen Marktes ist ein politisches Projekt mit einer massiven Machtausübung, die darauf abzielt, die ganze Welt im Sinne des Neoliberalismus zu gestalten. (Elyachar 2005, 214)

4. Fazit und Ausblick

Die Auswirkungen des Neoliberalismus sind in der Entwicklungszusammenarbeit zu spüren, was sich an den hier vorgelegten Beispielen veranschaulichen lässt. Im Laufe des Siegeszugs des Neoliberalismus wurden NGO'S, die im eigentlichen Sinne ein Vermittler zwischen Staat und Bevölkerung sein sollen, zu Mikrokreditinstitutionen umfunktioniert, um so der Expansion des freien Marktes gerecht zu werden. Daraus ergab sich ein neues Machtfeld und die NGO'S, der Staat und die IO'S wurden auf einmal nicht mehr voneinander getrennt gedacht. Die Chance der Ethnologie besteht darin, auf die Missstände aufmerksam zu machen und das eigentliche Ziel, die Verbesserung der Lebensumstände für Menschen zu verbessern. Das größte Problem besteht hierbei in der Macht der Wirtschaft und der Weltbank, welche die Entscheidungskraft über die Gelder, die in Entwicklungsprojekte fließen, besitzen.

Die Illusion, durch Mikrokredite den freien Markt zu fördern und die Armut zu verringern, spiegelt nicht die Realität wider. Die notwendige Schaffung neuer Subjekte, die für das Funktionieren eines neoliberalen Marktes notwendig sind, benötigt viele Interventionen. Die Menschen müssen neue Gewohnheiten erlernen, darunter auch ethische Einstellungen, die notwendig sind für die Schaffung eines neuen Marktes. Beispiele hierfür sind die Formalisierung von Titeln und Eigentumsrechten, das Aufnehmen von Schulden, wie auch die Auflösung von sozialen Netzwerken und gegenseitigen Verpflichtungen (Elyachar 2005).

Um Konflikte zu verhindern, müssen die bestehenden Lebensumstände und Praktiken von Menschen in Ländern, in denen Entwicklungszusammenarbeit betrieben wird, untersucht werden. Nur so kann auf Kollisionen von Wertevorstellungen und bereits vorhandenen Märkten aufmerksam gemacht werden. Für eine effektive Entwicklungszusammenarbeit ist es wichtig, für ein Projekt die verschiedenen Interessengruppen miteinzubeziehen, wie auch Experten aus unterschiedlichen Bereichen und Disziplinen. Eine ökonomische Lehre, die in so viele Facetten des Leben hineinreicht, muss immer wieder hinterfragt und untersucht werden. Die Ethnologie leistet einen großen Teil, um die verschiedenen Dimensionen aufzudecken und auf sie hinzuweisen. Die Entwicklungszusammenarbeit muss und kann aus diesem Wissen Profit schlagen.

Bibliographie

- Elyachar, Julia. 2005. Markets of disposession: NGOs, economic development, and the state in Cairo. London: Duke University Press.
- Craig, Amanda. 2014. ,,A Review of Values in Translation: Human Rights and the Cul-ture of the World Bank by Galit A. Sarfaty." *Indiana Journal of Global Legal Studies* 21: 389-394.
- Duvendack, Maren. 2014. ,,Wir wissen nur, dass wir nichts wissen: Zur Beweislage über die Wirksamkeit von Mikrofinanzen." In *Rendite machen und Gutes tun?,* her-ausgegeben von Gerhard Klas und Philip Mader, 37-43. Frankfurt am Main: Campus Verlag.
- Gardner, Katy und Lewis, Daniel. 1996. Anthropology, Development and the Post-Modern Challenge. London: Pluto Press.
- Harvey, David. 2007. Kleine Geschichte des Neoliberalismus. Zürich: Rotpunktverlag.
- Hilgers, Mathieu. 2010. ,,The three anthropological approaches to neoliberalism." *International Social Science Journal* 61,202: 351-364.
- Münster, Daniel und Strümpell, Christian. 2014. ,,The anthropology of neoliberal India: An introduction." *Contributions to Indian Sociology* 48: 1-16.
- Nordmann, Jürgen. 2005. Der lange Marsch zum Neoliberalismus: vom Roten Wien zum freien Markt – Popper und Hayek im Diskurs. Hamburg: VSA–Verlag.
- Pollert, Achim und Kirchner, Bernd und Polzin, Javier Morato. 2010. Duden Wirtschaft von A bis Z. Mannheim; Leipzig; Wien; Zürich: Dudenverlag.
- Rahaman, Andrea. 2014. Mikrokredite gegen Armut: Dichtung und Wahrheit in Bang-ladesch." In *Rendite machen und Gutes tun?,* herausgegeben von Gerhard Klas und Philip Mader, 53-60. Frankfurt am Main: Campus Verlag.
- Rostow, Walt Whitman. 1959. ,,The stages of economic growth." *The economic history review* Vol.12, No.1: 1-16.
- Sarfaty, Galit. 2012. Values in Translation: Human Rights and the Culture of the World Bank. Stanford: Stanford University Press.

- Wichterich, Christa. 2014. „Kleine Kredite, große Geschäfte und die andere Finanzkrise: Finanzialisierung des Alltags durch Mikrokredite für Frauen in Indien." In Rendite machen und Gutes tun?, herausgegeben von Gerhard Klas und Philip Mader, 45-52. Frankfurt am Main: Campus Verlag.
- Bundesministerium für wirtschaftliche Zusammenarbeit und Entwicklung. 2016. http://www.bmz.de/de/ministerium/wege/multilaterale_ez/akteure/weltbank/

BEI GRIN MACHT SICH IHR WISSEN BEZAHLT

- Wir veröffentlichen Ihre Hausarbeit, Bachelor- und Masterarbeit

- Ihr eigenes eBook und Buch - weltweit in allen wichtigen Shops

- Verdienen Sie an jedem Verkauf

Jetzt bei www.GRIN.com hochladen und kostenlos publizieren